はじめに

　手話言語を知らない人たちから、「手話言語は世界共通ですか?」とよく聞かれます。「手話言語は世界共通ではありませんよ」と答えると、皆さん驚いた顔をされます。例えば、日本語で「ありがとう」を英語では「サンキュー」と言いますが、手話言語ではどう表現するかご存じですか?お相撲さんがご祝儀をもらうときに手刀を切るように、右手を手刀にして左手の甲にポンッとあてる表現をします。欧米では投げキッスのしぐさのように表現をします。このように、各国で文化や音声言語が違うように、手話言語も国ごとに違います。

　さて、世界各国の人々が集まる国際会議やイベントでは主に英語が公用語として使用されていますが、世界各国のろう者が集まる国際会議やイベントはどこの国の手話言語が使われていると思いますか?アメリカ手話言語?フランス手話言語?いえいえ、実は「国際手話」というものを使っています。

　国際手話がいつから使われたのかは諸説がありますが、昔から世界各国から集うろう者が交流を深める中で、各国の手話単語が入り混じり、次第に統一されてきたとされています。

　全日本ろうあ連盟は、4冊目となる国際手話に関する書籍として「Let's Try 国際手話」(2019年)に続き「Let's Try 国際手話2」を発刊いたしました。本書は、来日する外国のろう者とのコミュニケーションの基本「(1) 空港・ホテル・街歩き、(2) ろう者の生活、(3) 私の家族、(4) 買い物、(5) 観光、(6) 日本の文化、(7) 食事、(8) トラブル」で構成しており、英語も列記することで、日本人だけでなく外国人も使えることをコンセプトとしました。

　また、毎年9月23日の「手話言語の国際デー」(※1) を記念して、本書のモデルとして出演されている青年部の方が講師となり、オンライン (ZOOM) による国際手話の入門講座を開催しています。

　さあ!あなたもLet's Try国際手話!

　2021年の東京オリンピック・パラリンピック開催、2025年デフリンピック日本招致など、世界各国のろう者が来日する大きな機会に、ぜひ本書を世界中のろう者との交流に役立てていただけることを心より願っております。

(※1)　2017年に国連の障害者権利条約に「手話は言語」の定義が盛り込まれたことにより、国連で9月23日が「手話言語の国際デー」と定められました。そして、この前後の一週間が「国際ろう者週間」として各国で祝われる等、世界的に「国際手話 (International Sign)」が注目を浴びています。

JN063951

一般財団法人全日本ろうあ連盟
理事長　石野　富志三郎

1

『Let's Try 国際手話 2』

目次

この本の学びかた、見かた

❶この本の学びかた

　第1章「会話の基本」では「肯定・否定・疑問」の基本的な国際手話の表現を解説しています。そのうえで第2章の会話に進んでいただくとスムーズに学習できると思います。

　第3章は第2章の会話に合わせて場面ごとの単語を掲載しました。会話の単語を入れ替えて学習すると、より豊かな国際手話を学べます。また、会話文・単語に日本語と英語を並記しました。国際手話とあわせて英語の学習にも役立ててください。

❷この本の見かた

- 会話文では、国際手話を表す順番に❶❷❸‥と番号がついています。
- 手の動きは右手を基本にしていますが、左手を基本に表すモデルもいます。どちらの動きでもかまいません。
- ページの下にQRコードがあります。動画で国際手話を確認できます。
- 国際手話の順番が写真と動画で異なる場合があります。どちらで表してもかまいません。

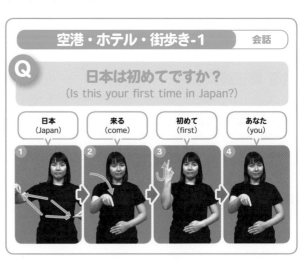

空港・ホテル・街歩き-1　　会話

Q　日本は初めてですか？
(Is this your first time in Japan?)

日本 (Japan)　来る (come)　初めて (first)　あなた (you)

❸記号の見かた

 手の動き

 繰り返す動き

 往復の動き

 手前から奥への動き / 奥から手前への動き / 前後交互の動き

 動きの順序

 波うたせる動き

 小刻みに揺らす動き

モデルの紹介

　この本を手にとって、国際手話がまったく分からなくても楽しく覚えられる！そんなきっかけの一つになればという思いをこめて製作しました。

　国際手話を覚えて、いろんな国のろう仲間とのコミュニケーションや交流を深めることに、ぜひ役立ててください。

　国際手話があなたの可能性をもっと広げ、人生がハッピーになることを願っています。

　さあ、わたしたちと一緒にLet's Try!!

モデル一同より　心をこめて

写真・動画モデル　全日本ろうあ連盟青年部中央委員

後列左から	山田 尚人	吉田 航
前列左から	清水 愛香	福田 夕香

一般財団法人全日本ろうあ連盟青年部

第1章

会話の基本

手話言語全てに言えることですが、国際手話も表情や視線、手の動きの大きさや速さなどで、さまざまな意味を伝えます。特に顔の表情で意味を伝えることが大切になります。

ここでは、会話の基本になる「疑問・肯定・否定」の国際手話の表し方について説明しましょう。

≪疑問≫

● 人にものをたずねる時は‥

疑問文の時は、顔の表情や頭の動きで表現します。

日本語（音声言語）では、人にものをたずねる時に「〜ですか?」などの終助詞をつけますが、国際手話では手による単語の表現と同時に、頭の動きや顔の表情で疑問形を表します。

特に視線の動きや眉の動きが大切です。

● 説明してほしい時は‥

「何（what）」「誰（who）」「いつ（when）」「どこ（where）」のように答えを明確にする質問のときは、文末に「眉下げ」、「眉をひそめる」の表情をつけ、あごを少し前に突き出して、相手の顔を見ながら小刻みに左右に首を振る「あごふり」の動作で表します。

● 「wh」で始まる疑問を表してみましょう

① 何 (what)

②誰 (who)

③いつ (when)

④どこ (where)

⑤なぜ (A) (why)

⑥なぜ (B) (why)

⑧なぜ (C) (why)

⑨どちら (which)

⑩どうやって (how)

≪肯定・否定≫

私たちがいつもしているように、肯定の時は首を縦に、否定の時は首を横に振ります。特に否定の時は手話の表現とともに、眉を寄せて頭を左右に振ります。

「はい（yes）」は「はい（yes）」、「いいえ（no）」は「いいえ（no）」と、はっきり相手に伝えることも大切なことです。

はい（yes）

いいえ（no）

≪国際手話で話すときに気を付けたいこと≫

● 日本人が国際手話で話すとき、つい日本語の口形で表してしまう人がいますが、外国人は混乱してしまいます。日本語の口形は使わないようにしましょう。

● 日本では通じる身振りが、国際交流の場面では通じないことがあるので注意が必要です。

たとえば日本では普通に使う身振り「OK」（親指と人差し指で丸をつくる）は、ある国では侮辱的な意味を持つことがあります。アルファベットの「O」「K」で表しましょう。

● 国際手話では「私」・「自分」は自分の胸を指さします。日本では自分の顔を指さすことが多くありますが、外国人にはそれは理解できません。

動画で
確認!!

第2章

シーンごとの会話

空港・ホテル・街歩き-1　会話

Q

日本は初めてですか？
(Is this your first time in Japan?)

日本 (Japan)	来る (come)	初めて (first)	あなた (you)

A

はい。京都観光が楽しみです。
(Yes. I am looking forward to sightseeing in Kyoto.)

はい (yes)	観光 (sightseeing)	楽しみ (look forward to)	京都 (Kyoto)

動画で
確認！！

空港・ホテル・街歩き-2　　会話

Q 両替したいのですが、どこに行けばよいですか？
(I want to exchange money.　Where should I go?)

したい (want)	両替 (exchange money)	どこ (where)

  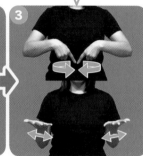

A 一緒に行きましょう。
(Let's go together.)

ある (have)	一緒 (together)	行く (go)

動画で
確認!!

13

第2章 シーンごとの会話

空港・ホテル・街歩き-3 　　会話

Q 成田から京都に行く方法は？
(How do I get from Narita to Kyoto?)

方法 (how)	成田 (Narita)	行く (go)	京都 (Kyoto)

A 東京駅で、新幹線に乗り換えてください。
(At Tokyo Station, transfer to the Shinkansen.)

東京 (Tokyo)	着く (arrive)	乗り換え (transfer)	新幹線 (Shinkansen)

動画で
確認!!

空港・ホテル・街歩き-4 　会話

Q 荷物を預けたいのですが、料金はいくらでしょうか？
(I want to leave my luggage. How much would it cost?)

したい （want）	**荷物預ける** （leave luggage）	**いくら** （how much）

  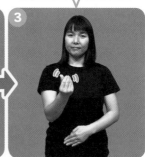

A コインロッカーがあります。700円です。
(There are coin lockers. They cost 700 yen.)

ある （have）	**コインロッカー** （coin locker）	**お金** （money）	**700** （700）

動画で
確認!!

第2章シーンごとの会話

空港・ホテル・街歩き-5　会話

Q ホテルを予約したいので、電話をお願いします。
(I'd like to book a hotel room. Could you call the hotel for me?)

お願い (please)	電話する (call)	予約 (book)	ホテル (hotel)

A いいですよ。何泊、何部屋予約しますか？
(Sure. How many nights and rooms do you want to book?)

OK (OK)	日 (day)	部屋 (room)	いくつ (how many)

動画で確認!!

空港・ホテル・街歩き-6 　会話

Q 2泊で1室をお願いします。
(I would like one room for two nights.)

2 (two)	**日** (day)	**部屋** (room)	**1** (one)

A わかりました。予約できると良いですね。
(OK. I hope you're able to book a room.)

OK (OK)	**期待** (hope)	**予約** (book)

動画で
確認!!

第2章｜シーンごとの会話

空港・ホテル・街歩き-7　　会話

Q 近くにコンビニはありますか？
(Is there a convenience store nearby?)

ある (have)	近い (nearby)	コンビニ (convenience store)

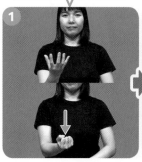  

A 交差点を左に曲がった所にあります。
(You can find one if you turn left at the intersection.)

ある (have)	交差点 (intersection)	左に曲がる (turn left)

動画で確認!!

空港・ホテル・街歩き-8 　会話

Q 街歩きの魅力は何でしょうか？
(What is the best part of walking around the city?)

街 (city)	見る (look (around))	楽しみ (fun)	何 (what)

A その町の歴史やグルメですね。
(The history and food of the town.)

町 (town)	歴史 (history)	食べる (eat)	良い (good)

動画で
確認!!

ろう者の生活-1　　会話

Q 朝はどうやって起きるの？
(How do you wake up in the morning?)

朝 (morning)	起きる (wake up)	どうやって (how)

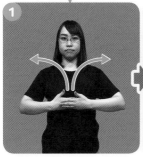 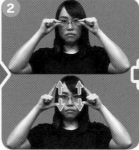 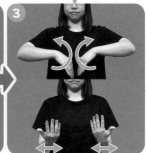

A 時計の振動で起きるよ。
(I wake up by the vibration of my watch.)

時計 (watch)	振動 (vibration)	起きる (wake up)

  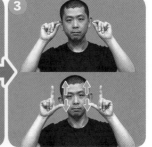

動画で
確認!!

ろう者の生活-2　会話

Q インターホンで分かる方法は？
(How can Deaf people notice the intercom?)

人／来る (person / come)	インターホン (intercom)	どうやって (how)	知る／あなた (know / you)

A フラッシュランプで知らせてくれるよ。
(It will let you know with a flashing lamp.)

インターホン (intercom)	フラッシュ (flash)	知る (know)

動画で確認!!

21

ろう者の生活-3　　会話

Q ニュースに手話言語通訳は付いているの？
(Does the news have sign language interpretation?)

ニュース (news)	ある (have)	手話言語通訳 (sign language interpreter)

A 字幕がほとんどで、手話言語通訳はまだまだ少ないよ。
(Most of them are closed captioned and there are few with sign language interpretation.)

手話言語通訳 (sign language interpretation)	少ない (few)	字幕 (closed captioning)	多い (many)

動画で
確認！！

ろう者の生活-4　　会話

 災害が多くて大変ですね。
(It must be hard with so many disasters.)

台風 (typhoon)	地震 (earthquake)	多い (many)	大変 (hard / painful)

 被災地ではボランティアが活動をしているよ。
(Volunteers are working in the disaster-hit areas.)

被災地 (disaster-hit area)	助ける (help)	集まる (gather)

動画で
確認!!

ろう者の生活-5 会話

Q 日本も手話言語法、制定したの？
(Did Japan enact a Sign Language Law?)

日本 (Japan)	手話言語 (Sign Language)	法律 (law)	制定／終わった (enact / finish)

A まだだよ。運動を頑張るよ！
(Not yet. We'll advocate for it strongly!)

まだ (not yet)	運動 (movement)	働きかける (endeavor)

動画で
確認!!

ろう者の生活-6 　会話

Q

電車が止まったらどうする？
(What do you do if the train stops?)

もし（IF） (if)	電車 (train)	とまる (stop)	どうやって (how)

   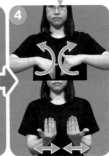

A

電光掲示板で知らせるよ。
(You'll find information on the electronic sign board.)

ある (have)	電光文字板 (electronic sign board)	（指さし）

動画で確認!!

ろう者の生活-7　　会話

Q

お寿司の出前をお願いしたい。
(I'd like sushi to be delivered.)

したい (like)	電話する (call)	持ってくる (deliver)	寿司 (sushi)

A

いいよ。電話リレーサービスで注文しよう。
(OK. Let's order by telephone relay service.)

OK （OK）	電話リレーサービス (telephone relay service)	注文 (order)

動画で
確認!!

ろう者の生活-8 　会話

Q

障害者割引できる？
(Can disabled people get a discount?)

できる (can)	障害者 (disabled people)	安い (discount)

A

バスの運賃は半額だよ。
(The bus fare is half price.)

バス (bus)	お金 (money)	半分 (half)

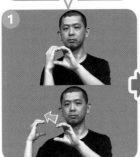  

動画で
確認!!

私の家族-1　　会話

Q　あなたの家族を紹介してください。
(Please introduce your family.)

お願い (please)	紹介 (introduce)	あなたの (your)	家族 (family)

A　父と母と姉の4人です。
(My father, mother and sister. A family of four.)

父 (father)	母 (mother)	姉 (older sister)	私／4 (me / four)

動画で
確認!!

私の家族-2　　会話

Q　家族の自慢は何ですか？
（What are you proud about your family?）

あなたの （your）	家族 （family）	特に／良い （especially / good）	何 （what）

A　毎日笑いが絶えないの。
（Our days together are filled with laughter.）

毎日 （every day）	笑う （laugh）	たくさん （many）	楽しい （fun）

第2章　シーンごとの会話

動画で
確認!!

29

私の家族-3　　会話

Q

お兄さん、すごい活躍ですね。
(Your brother is very successful.)

あなたの (your)	兄 (older brother)	すごい (great)

 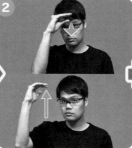 

A

プロバスケットの選手ですごいんだよ。
(He's a great professional basketball player.)

バスケット (basketball)	プロフェッショナル (professional)	すごい (great)

動画で
確認!!

私の家族-4　　会話

Q

娘さんは元気ですか？
(How is your daughter?)

娘 (daughter)	身体（の調子） (body (health))	良い (good)

A

元気だよ。ダンスに夢中だよ。
(She is fine. She's been into dancing recently.)

良い (good)	集中 (concentrate)	ダンス (dance)

動画で確認!!

31

私の家族-5　　会話

Q あなたのおじいさん、骨折したようだけど大丈夫？
(I heard your grandfather broke his leg. Is he OK?)

あなたの (your)	おじいさん (grandfather)	足／折れる (leg / break)	OK (OK)

A 退院したばかりでリハビリ中なの。
(He's just been discharged from the hospital and is going through rehabilitation.)

出る (leave)	病院 (hospital)	頑張る (try hard)	歩く (walk)

動画で
確認!!

32

私の家族-6 　　　会話

 ペットを飼っているよね？
(You have a pet, right?)

あなた （you）	**持つ** （have）	**ペット** （pet）	

 猫なの、名前はタマって言うの。
(I have a cat named Tama.)

持つ （have）	**ネコ** （cat）	**名前** （name）	**タマ（TAMA）** （Tama）

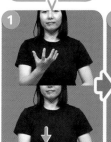    

動画で
確認!!

33

私の家族-7 　　会話

Q 今晩家で集まって飲むけど来る？
(We're going to get together and drink at my house tonight. Would you like to come?)

今 (now)	夜 (night)	家で飲む (house / drink)	来る (come)
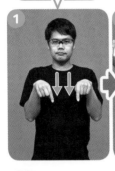			

A いいね！ 友達を誘っていい？
(That's great! Can I invite my friends?)

良い (good)	一緒 (together)	友達 (friends)	OK (OK)

動画で
確認!!

私の家族-8 　会話

Q

私の友達が会いたがっているよ。
(My friends want to meet you.)

私の (my)	友達 (friends)	したい／会う (want / meet)	あなた (you)

A

今まで忙しかったの。やっと会える。嬉しい！
(I've been busy until now. I'm so happy we can finally meet!)

忙しい (busy)	来る (come)	会える (meet)	嬉しい (happy)

動画で確認!!

35

買い物-1　会話

Q 電化製品はどこで買えますか？
(Where can I buy electric appliances?)

買う (buy)	電気 (electric)	製品 (appliance)	どこ (where)

A 角のお店で買えます。
(You can buy them at the corner store.)

角 (corner)	ここ (here)	店／買う (store / buy)	良い (good)

動画で
確認!!

買い物-2　　会話

買ったものを送りたい。
(I want to send what I bought.)

買う (buy)	これ (this)	したい (want)	送る (send)

A はい、送れますよ。
(You can have it delivered.)

はい (yes)	送る (send)

動画で
確認!!

買い物-3　　会話

Q 今から出かけるけど、買いたいものはある？
(I'm going out now. Would you like me to buy something for you?)

私 (I)	出る (go out)	必要 (need)	買う／何 (buy / what)

A 洗剤が切れたので、買ってきて！
(I'm out of detergent. Please buy some for me.)

洗剤 (detergent)	無くなる (run out)	買う／お願い (buy / please)

動画で
確認!!

買い物-4　会話

Q

この靴、色違いはありますか？
(Do you have these shoes in different colors?)

靴 （shoes）	色 （color）	いろいろ （various）	ある （have）
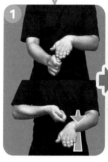			

A

はい、緑色と赤色があります。
(Yes, we have green and red.)

はい （yes）	緑／赤 （green / red）	2 （two）	ある （have）

動画で
確認!!

買い物-5　　会話

Q じゃあ、赤色を買うよ。
（Then I'll buy the red one.）

OK（OK）	赤（red）	買う（buy）

A ありがとうございます。5,500円になります。
（Thank you very much. It will be 5,500 yen.）

ありがとう（thank you）	お金（money）	5・,・5・0・0（5,500）

動画で確認!!

買い物-6　　会話

Q

これ、まけてくれない？
(Can you give me a discount?)

これ (this)	**お金／安い** (money / discount)	**お願い** (please)

A

2つ買ったらサービスしますよ。
(I will give you a discount if you buy two.)

買う (buy)	**2** (two)	**OK** (OK)	**安い** (discount)

動画で
確認!!

41

買い物-7　　会話

Q

この服、どう？
(How about these clothes?)

ねぇねぇ／これ (excuse me / this)	洋服 (clothes)	良い (good)	これ (this)

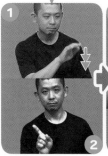   

A

派手だけど、似合うよ。
(It's flashy, but it looks good on you.)

派手 (flashy)	しかし (but)	良い (good)	似合う (fit / match)

動画で
確認！！

買い物-8　　　会話

Q 外国人は自動販売機の多さにびっくりします。
(Foreigners are surprised at the number of vending machines.)

外国人 （foreigners）	自動販売機 （vending machines）	多い （many）	驚く （surprised）
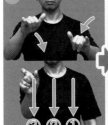			

A いつでも買えるから便利です。
(It is convenient because you can buy at any time.)

いつでも （always）	買う （buy）	できる （can）	良い （good）

動画で
確認！！

観光-1 　会話

Q

京都で有名な所はどこですか？
(Where are the famous places in Kyoto?)

京都 （Kyoto）	有名 （famous）	場所 （place）	何 （what）

A

お寺や神社、祇園も良いですね。
(Temples and shrines. Gion is also good.)

お寺 （temple）	神社 （shrine）	祇園 （Gion）	良い （good）

動画で
確認!!

観光-2　会話

 祇園では舞妓さんに会えるでしょうか？
(Can I meet Maiko in Gion?)

祇園 (Gion)	できる (can)	会う (meet)	舞妓 (Maiko)

   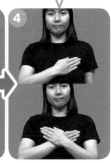

 運が良ければ会えるかもしれませんね。
(You may meet some if you are lucky.)

良い (good)	時間 (time)	会う (meet)	できる／恐らく (can / perhaps)

   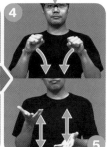

動画で
確認!!

45

観光-3　会話

Q 大阪でたこ焼きを食べるのが楽しみです。
(I am looking forward to eating takoyaki in Osaka.)

大阪 (Osaka)	楽しみ (look forward to)	食べる (eat)	たこ焼き (takoyaki)

A 難波に行くと良いですよ。
(You should go to Namba.)

行く (go)	良い (good)	難波 (Nanba)

動画で
確認!!

観光-4 会話

Q 東京近辺で見どころはありますか？
(Are there must-see sights near Tokyo?)

東京 (Tokyo)	近く (near)	見る (look (around))	何 (what)

A 横浜の中華街や鎌倉もお勧めです。
(I also recommend Chinatown in Yokohama and Kamakura.)

横浜 (Yokohama)	中華街 (Chinatown)	鎌倉 (Kamakura)	良い (good)

動画で確認!!

観光-5 会話

Q

お花見ができる時期はいつですか？
(When can I see the cherry blossoms?)

桜 (cherry blossoms)	見る (look)	良い (good)	カレンダー／いつ (calendar / when)

A

3月、4月ごろですね。
(Around March or April would be the best.)

3月 (March)	4月 (April)	頃 (around)	良い (good)

動画で
確認!!

観光-6　　　　　会話

Q

日本のお祭りを見たいな。
(I want to see Japanese festivals.)

したい （want）	見る （look）	日本 （Japan）	お祭り （festival）

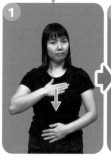   

A

徳島の阿波踊りが有名です。
(The Awa Odori in Tokushima is famous.)

有名 （famous）	徳島 （Tokushima）	場所 （place）	阿波踊り （Awa Odori）

   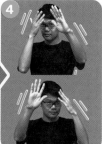

動画で確認！！

第2章 シーンごとの 会話

観光-7　　会話

Q 着物をレンタルできるお店はありますか？
(Is there a shop where I can rent a kimono?)

できる (can)	レンタル (rent)	着物 (kimono)	どこ (where)

A 京都タワーの中にあります。
(You'll find one inside Kyoto Tower.)

ある (have)	京都 (Kyoto)	タワー (tower)	中 (inside)

動画で
確認!!

観光-8　　会話

Q 行ってみたい場所はありますか？
(Is there anywhere you want to go to?)

したい （want）	行く （go）	どこ （where）

A 伊香保温泉に行ってみたいですね。
(I want to go to Ikaho Onsen.)

したい （want）	行く （go）	伊香保 （Ikaho）	温泉 （Onsen）

動画で
確認!!

第2章 シーンごとの会話

観光-9　　会話

Q
来週、金沢に行きます。
(Next week, I'm going to Kanazawa.)

来週 (next week)	行く (go)	金沢 (Kanazawa)

A
冬は雪が積もって、きれいですよ。
(In winter, the ground is covered with snow so it's beautiful.)

冬 (winter)	雪 (snow)	積もる (pile (up))	きれい (beautiful)

動画で確認!!

観光-10

会話

Q 広島は原爆ドームが有名ですね。
(Hiroshima is famous for its Atomic Bomb Dome.)

広島 (Hiroshima)	有名 (famous)	投下／原爆 (drop / atomic bomb)	ドーム (dome)
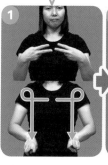			

A 世界から核を無くしてほしいですね。
(I hope we can get rid of nuclear weapons from the world.)

ストップ (stop)	原爆 (atomic bomb)	将来 (future)	ゼロ(ない) (none/nothing)

動画で
確認!!

53

観光-11　会話

ex 富士山は夏の間だけ、登れます。
(Mt. Fuji can only be climbed during summer.)

富士山 (Mt. Fuji)	できる (can)	登る (climb)	7月／8月 (July / August)

ex 東京タワーはライトアップがきれいです。
(Tokyo Tower is beautifully lit up.)

東京タワー (Tokyo Tower)	美しい (beautiful)	夜 (night)	ライトアップ (light up)

動画で
確認!!

観光-12　　会話

ex　足湯は気持ちがいいよ。
（The footbath feels good.）

第2章 シーンごとの会話

足湯 (footbath)	気持ち (feel)	良い (good)

ex　雪見風呂は格別ですね。
（Yukimi baths are exceptionally good.）

外 (outside)	雪 (snow)	温泉／浸かる (onsen / soak)	良い (good)

動画で確認!!

日本の文化-1　会話

Q お正月は、どう過ごしますか？
(How will you spend the New Year?)

新しい (new)	年 (year)	過ごす (spend)	何 (what)

A まず初詣に行きます。
(First we go to Hatsumode.)

最初 (first)	行く (go)	神社 (shrine)
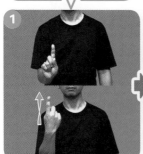		

動画で
確認!!

日本の文化-2　　　　会話

ex 神社でおみくじを引いたらいいよ。
(You should pull a fortune slip at the shrine.)

神社 (shrine)	（指さし）	おみくじ (fortune slip)	良い (good)

ex お寺で柏手(かしわで)を打ってはいけないよ。
(Don't do kashiwade at temples.)

寺 (temple)	ここ (here)	柏手 (kashiwade)	いけない (don't do)

動画で確認!!

57

日本の文化-3　　　会話

Q

日本の花火が見たいな。
(I want to see Japanese fireworks.)

したい (want)	見る (see)	日本 (Japan)	花火 (fireworks)

A

長岡の花火が有名です。
(Nagaoka fireworks are famous.)

有名 (famous)	花火 (fireworks)	場所 (place)	長岡 (Nagaoka)

動画で確認!!

日本の文化-4　　会話

Q 日本の伝統文化には何がありますか？
(What kind of traditional Japanese culture is there?)

日本 (Japan)	伝統 (tradition)	文化 (culture)	何 (what)

A 歌舞伎や能等があります。
(There are Kabuki and Noh.)

歌舞伎 (Kabuki)	能 (Noh)	いろいろ (different (types))	ある (have)
			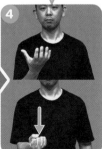

動画で
確認!!

日本の文化-5　　　　会話

Q 成人の日は何をするのですか？
(What do you do on adult day?)

大人 （adult）	日 （day）	（指さし）	何 （what）

A 20歳になったお祝いです。
(It's a celebration for those who turned 20 years old.)

年齢 （age）	20 （twenty）	喜ぶ （happy）	お祝い／日 （celebrate / day）

動画で
確認!!

日本の文化-6 会話

Q 日本の家はどんなですか？
(What does a Japanese house look like?)

日本 (Japan)	家 (house)	フロア (floor)	何 (what)

A 一般的には畳があり、冬にはコタツがあります。
(There are usually tatami mats, and a kotatsu in winter.)

ノーマル (normal)	畳／フロア (tatami / floor)	冬 (winter)	コタツ (kotatsu)
			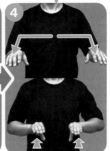

動画で確認!!

61

第2章 シーンごとの 会話

日本の文化-7　会話

Q 家に入るとき、気を付けることはありますか？
(What should I be careful of when entering a house?)

家 (house)	入る (enter)	注意 (careful)	何 (what)

A 家に上がるときは、靴を脱いでください。
(When you enter, take off your shoes.)

入る (enter)	必要 (must / need)	靴を脱ぐ (take off shoes)	上がる (step up)

動画で
確認!!

日本の文化-8 会話

ex 日本では挨拶する時、お辞儀をします。
(In Japan, we bow when we greet someone.)

あなた／ハロー (you / hello)	日本 (Japan)	何 (what)	お辞儀 (bow)

ex さまざまな日本文化の中に、禅もあります。
(In Japanese culture, there is Zen.)

日本 (Japan)	文化 (culture)	さまざま／ある (various / have)	禅 (Zen)

動画で
確認!!

63

食事-1　会話

Q
お勧めは何ですか？
(What do you recommend?)

食べる (eat)	良い (good)	何 (what)

A
ラーメンと焼き鳥です。
(Ramen and yakitori.)

ラーメン (ramen)	焼き鳥 (yakitori)

動画で
確認!!

食事-2　　会話

ラーメンには何がありますか？
（What types of ramen are there?）

ラーメン (ramen)	味 (taste)	いろいろ (variety)	何 (what)

味噌味と醤油味、塩味があります。
（Miso, soy sauce and salt flavors.）

ある (have)	3 (three)	味噌 (miso)	醤油／塩 (soy sauce / salt)
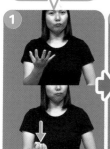			

動画で
確認!!

食事-3　会話

Q

このお店には椅子が無いようですが？
(Why does this shop have no chairs?)

ここ (here)	椅子 (chair)	ない (none)	なぜ（C） (why)

A

ここは立ち食い蕎麦のお店です。
(This is a stand-up soba shop.)

立つ (stand)	蕎麦 (soba)	ここ (here)

動画で確認!!

食事-4　　会話

Q

食べ放題のお店にしますか？
(Do you want an all-you-can-eat restaurant?)

バイキング (buffet)	食べる (eat)	良い (good)

A

OK。禁煙のお店でお願いね。
(OK. A no-smoking restaurant please.)

OK (OK)	お願い (please)	NO (no)	タバコ (smoking)

動画で確認!!

食事-5　会話

ex おにぎりは日本では誰もが食べます。
(Everybody in Japan eats onigiri.)

日本 (Japan)	皆 (everybody)	食べる (eat)	おにぎり (onigiri)

ex 値段も安くて、おいしいです。
(They are cheap and delicious.)

お金 (money)	安い (cheap)	食べる (eat)	良い (good)

動画で
確認!!

食事-6　　会話

Q
回転寿司に行ってみたいです。
(I want to go to a conveyor-belt sushi restaurant.)

したい (want)	行く (go)	寿司 (sushi)	回転 (rotate)

A
安くて良いね！好きなものを選びたい。
(Good. They are cheap, and you can choose the sushi you want.)

良い (good)	お金／安い (money / cheap)	したい (want)	取る (get)
			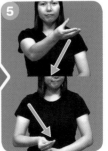

動画で
確認!!

食事-7

会話

Q 箸が使えないので、フォークをお願いできますか？
(I can't use chopsticks. Can you get me a fork?)

できない (can't)	箸 (chopsticks)	お願い (please)	フォーク (fork)
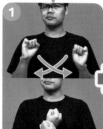			

A はい、わかりました。スプーンもお持ちしましょうか。
(Sure. Would you also like a spoon?)

良い (good)	したい (want)	運ぶ (bring)	スプーン (spoon)

動画で確認!!

食事-8 会話

Q すき焼の美味しいお店はどこですか？
(Where is a good sukiyaki restaurant?)

すき焼 (sukiyaki)	味 (taste)	良い (good)	どこ (where)

A 老舗のお店がありますが、予約が必要です。
(There is a well-established restaurant, but a reservation is required.)

有名 (famous)	ある (have)	必要 (must / need)	予約 (reservation)
			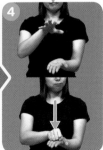

動画で
確認!!

トラブル-1　会話

ex

道に迷いました。
(I lost my way.)

道 (street)	迷う (confused)

ex

地図を書いてください。
(Please write the directions.)

お願い (please)	書く (write)	道順 (directions (to get to the destination))

動画で
確認!!

トラブル-2　　　会話

お金を使い切ってしまいました。
(I have run out of money.)

私 (I)	お金 (money)	使い終わる (run out)

近くにＡＴＭはありますか？
(Is there an ATM nearby?)

ある (have)	近い (near)	ＡＴＭ (ATM)

動画で
確認!!

トラブル-3　　会話

Q 頭が痛いのでホテルに帰りたい。
(I want to return to the hotel because my head hurts.)

頭痛い (head hurts)	したい (want)	行く (go)	ホテル (hotel)

A わかりました。タクシーを呼びます。
(OK. I'll call a taxi.)

OK (OK)	呼ぶ (call)	タクシー (taxi)

動画で
確認!!

トラブル-4　　会話

Q

部屋に鍵を忘れました。
(I locked myself out of my room.)

私 (I)	部屋 (room)	中／忘れる (inside / forget)	鍵 (key)

A

フロントで鍵をもらってください。
(Please get a key at the front desk.)

行く (go)	フロント (front desk)	鍵 (key)	もらう (get)

動画で
確認!!

トラブル-5　会話

ex

火事です。避難して下さい。
(It's a fire. Please evacuate.)

あそこ (there)	火事 (fire)	逃げる (evacuate)	来い (come)

ex

皆と一緒に逃げてください。
(Please evacuate with everybody.)

皆 (everybody)	一緒 (with)	逃げる (evacuate)

動画で確認!!

トラブル-6　　会話

Q　バスは何時にきますか？
(What time will the bus arrive?)

バス (bus)	到着 (arrive)	時間 (time)	いつ (when)

A　渋滞のため20分遅れます。
(It will be 20 minutes late due to traffic.)

渋滞 (traffic)	遅れる (late)	20 (twenty)	分 (minutes)

動画で確認!!

第2章 シーンごとの会話

トラブル-7　会話

Q 間違えて買ってしまったの。払い戻しはできますか？
(I bought this by mistake. Can I get a refund?)

間違い (mistake)	買う (buy)	できる (can)	返す (return)

A すみません。できません。
(I'm sorry, you cannot.)

すみません (sorry)	できない (cannot)
	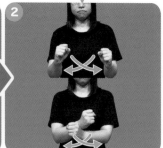

動画で確認!!

78

トラブル-8 　　　会話

Q

最終電車に乗れませんでした。
(I could not get on the last train.)

失う (lost)	最終 (last)	電車 (train)

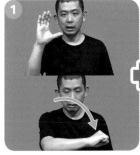  

A

車で迎えに行くので、そこで待っててください。
(I will pick you up by car, so please wait where you are.)

OK (OK)	私 (I)	(車で) 行く (go (by car))	待って (wait)

動画で確認!!

「聴さん、国際手話にTry！❶」

第3章

シーン別の
単語

空港・ホテル・街歩き

入国審査
(immigration)

税関
(customs)

出国
(departure)

乗り継ぎ便
(connecting flight)

荷物受取所
(baggage claim)

留学
(study abroad)

動画で
確認!!

空港・ホテル・街歩き 単語

（ホテル）チェックイン
（check in）

（ホテル）チェックアウト
（check out）

カプセルホテル
（capsule hotel）

シングル
（single (room)）

ダブル
（double (room)）

シャンプー
（shampoo）

第3章 シーン別の単語

動画で
確認!!

83

空港・ホテル・街歩き

リンス
（hair conditioner）

バスタオル
（bath towel）

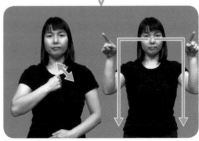

フェイスタオル
（face towel）

食べ歩き
（eating and walking）

下町散策
（stroll around the Shitamachi area (traditional commercial area)）

動画で
確認!!

ろう者の生活

生活
（life）

困難・大変
（difficult）

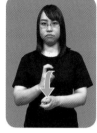

福祉
（welfare）

機器
（machine）

パソコン
（computer）

メール
（email）

FAX
（fax）

補聴器
（hearing aid）

人工内耳
（cochlear implant）

要約筆記
（realtime transcription）

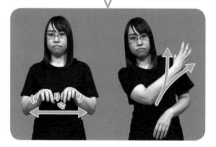

動画で
確認!!

ろう者の生活

単語

聴導犬
(hearing dog)

口形
(mouth movement)

設置
(placement)

派遣
(dispatch)

準備
(prepare)

運転免許
(driver's license)

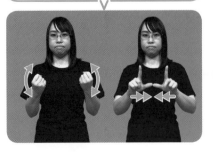

聴覚障害者マーク
(deaf driver symbol)

動画で
確認!!

ろう者の生活 単語

プラカード
（placard）

教える
（teach）

教わる
（be taught）

学ぶ
（study）

聴覚障害者情報提供施設
（information center for the deaf）

ろう重複障害者施設
（facility for the deaf with multiple disabilities）

第3章 シーン別の単語

動画で
確認!!

私の家族

弟
(younger brother)

妹
(younger sister)

祖母
(grandmother)

息子
(son)

結婚
(marriage)

仕事
(job)

アルバイト
(part time job)

動画で
確認!!

私の家族

単語

マンション
(apartment)

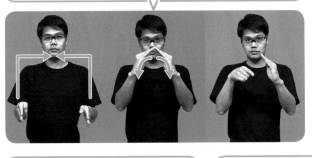

家
(house)

庭
(garden / yard)

キッチン（台所）
(kitchen)

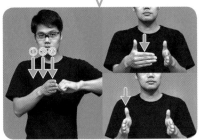

リビング（居間）
(living room)

故郷
(hometown)

動画で
確認!!

89

私の家族　単語

無職 (unemployed)		休日 (holiday)	遊ぶ (play)

趣味 (hobby)	パチンコ (pachinko)	映画 (movie)	野球 (baseball)

サッカー (football / soccer)	ゲーム (game)	犬 (dog)	鳥 (bird)

動画で
確認!!

買い物

消費税
（consumption tax）

免税
（duty free）

おつり
（change）

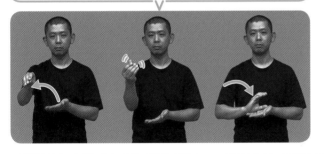

無料（ただ）
（free）

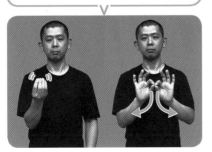

サイズ
（size）

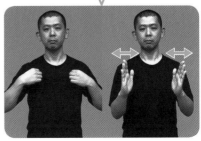

動画で
確認!!

買い物　単語

（服）ちょうど良い
(just right)

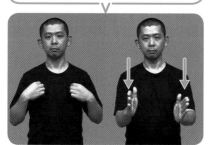

（服）似合わない
(doesn't suit me / you)

黒
(black)

白
(white)

探す
(look for)

デパート
(department store)

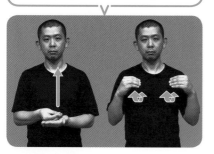

商店街
(shopping arcade)

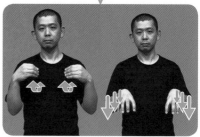

動画で
確認!!

買い物 単語

ディスカウントショップ
（discount store）

床屋
（barber）

ネットショッピング
（online shopping）

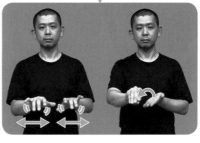

送料
（shipping charge）

住所
（address）

動画で
確認!!

観光 単語

大好き
（really like）

行き方
（directions）

最寄駅
（nearest station）

何線ですか？
（what line is it?）

動画で
確認!!

94

観光

改札
(ticket gate)

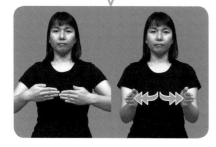

出口
(exit)

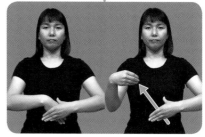

ICカード（交通系）
(IC card)

観光ガイド
(sightseeing guide)

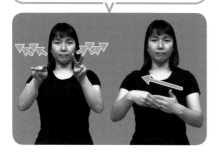

ガイドブック
(guidebook)

第3章 シーン別の単語

動画で
確認!!

95

観光　　単語

旅館
(traditional Japanese inn)

露天風呂
(open-air bath)

浅草
(Asakusa)

東京スカイツリー
(Tokyo Skytree)

札幌雪まつり
(Sapporo Snow Festival)

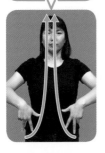

動画で
確認!!

観光 単語

仙台七夕まつり
(Sendai Tanabata Festival)

姫路城
(Himeji Castle)

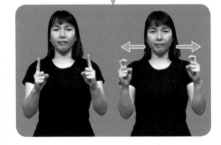

皇居
(Imperial Palace)

東京ディズニーランド
(Tokyo Disneyland)

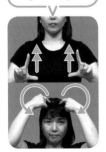

民泊
(renting a private room / home)

動画で確認!!

日本文化 　単語

忘年会
(end of year party)

新年会
(new year's party)

茶道
(tea ceremony)

動画で
確認!!

日本文化 　単語

生け花
(flower arrangement)

書道
(Japanese calligraphy)

アニメ映画
(anime movie)

手ぬぐい
(tenugui (Japanese hand towel))

銭湯
(sento (public bath))

動画で
確認！！

日本文化

障子
(shoji (sliding screen with paper on thin wooden laths))

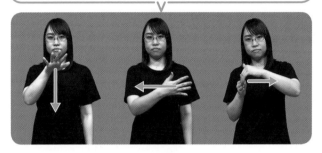

相撲
（sumo）

剣道
（kendo）

空手
（karate）

動画で
確認！！

食事 　　単語

メニュー
(menu)

天ぷら
(tempura)

焼きそば
(stir-fried noodles)

みそ汁
(miso soup)

寄せ鍋
(hot pot)

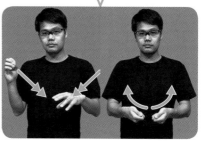

湯豆腐
(boiled tofu)

焼肉
(Korean barbecue)

動画で
確認!!

食事　　単語

とんかつ
(pork cutlet)

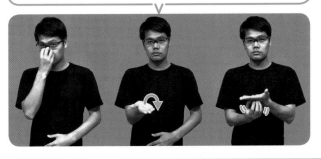

餅
(mochi)

丼
(rice bowl)

親子丼
(chicken and egg rice bowl)

梅干し
(salted plum)

卵焼き
(fried egg)

動画で
確認!!

食事 単語

刺身
（sashimi）

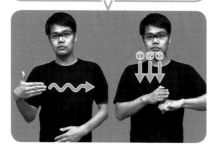

お好み焼き
（okonomiyaki）

郷土料理
（local cuisine）

納豆
（natto）

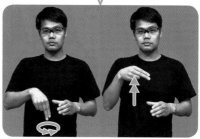

割り勘
（split the bill）

動画で
確認!!

トラブル

落とし物
(lost item)

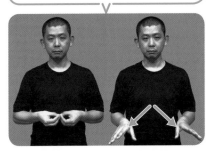

故障
(malfunction)

助けられる
(receive help)

迷惑
(annoyance)

間違える
(mistake)

説明する
(explain)

中止
(cancel)

延期
(postpone)

アナウンス
(announce)

交通事故
(traffic accident)

動画で
確認!!

トラブル

交番
(police box)

警察官
(police officer)

パトカー
(police car)

氾濫
(flood)

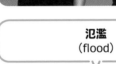

消防自動車
(fire engine)

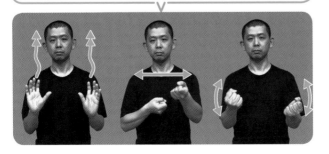

第3章 シーン別の単語

動画で
確認!!

トラブル

単語

避難所
（evacuation shelter）

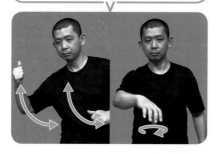

緊急放送
（emergency broadcast）

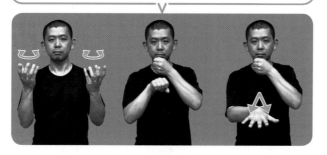

復興
（reconstruction）

③②①

動画で
確認！！

第4章

都道府県名

都道府県　　単語

北海道
（Hokkaido）

青森
（Aomori）

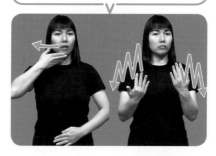

岩手
（Iwate）

秋田
（Akita）

宮城
（Miyagi）

山形
（Yamagata）

動画で
確認!!

都道府県　　　　　　　　　　　　単語

福島
(Fukushima)

栃木
(Tochigi)

茨城
(Ibaraki)

群馬
(Gunma)

千葉
(Chiba)

埼玉
(Saitama)

東京
(Tokyo)

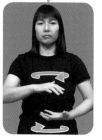

神奈川
(Kanagawa)

山梨
(Yamanashi)

第4章
都道府県

動画で
確認!!

都道府県 〔単語〕

新潟 (Niigata)

長野 (Nagano)
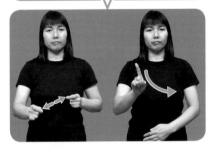

富山 (Toyama)

石川 (Ishikawa)

福井 (Fukui)

静岡 (Shizuoka)

愛知 (Aichi)

三重 (Mie)

動画で
確認!!

都道府県　　単語

岐阜
（Gifu）

滋賀
（Shiga）

京都
（Kyoto）

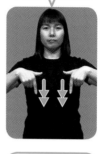

大阪
（Osaka）

奈良
（Nara）

和歌山
（Wakayama）

兵庫
（Hyogo）

岡山
（Okayama）

広島
（Hiroshima）

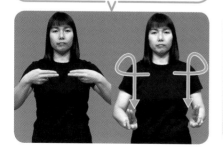

鳥取
（Tottori）

第4章　都道府県

動画で
確認!!

都道府県

島根
(Shimane)

山口
(Yamaguchi)

香川
(Kagawa)

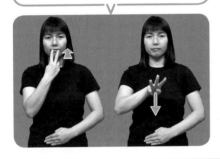

徳島
(Tokushima)

愛媛
(Ehime)

高知
(Kochi)

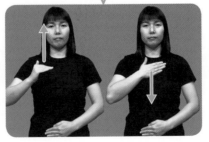

福岡
(Fukuoka)

動画で
確認!!

都道府県　単語

佐賀
（Saga）

長崎
（Nagasaki）

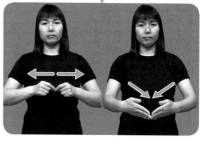

大分
（Oita）

熊本
（Kumamoto）

宮崎
（Miyazaki）

鹿児島
（Kagoshima）

沖縄
（Okinawa）

第4章　都道府県

動画で
確認!!

114

第5章

アルファベット ・数字

アルファベット　　単語

 A

 B

 C

 D

 E

 F

 G

 H

 I

 J

 K

 L

 M

 N

 O

 P

第5章
アルファベット・数字

動画で
確認！！

アルファベット

第5章・アルファベット・数字

動画で
確認!!

数字

単語

数字 number	1 one	2 two	3 three

4 four	5 five	6 six	7 seven

8 eight	9 nine	10 ten

11 eleven

12 twelve

13 thirteen

14 fourteen

動画で
確認！！

数字 単語

15	fifteen

16	sixteen

17	seventeen

18	eighteen

19	nineteen

20	twenty

30	thirty

40	forty

50	fifty

60	sixty

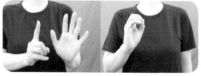

第5章・アルファベット・数字

動画で確認!!

119

数字 単語

70	seventy

80	eighty

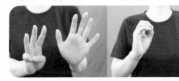

90	ninety

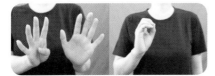

100	one hundred

1,000	one thousand

第5章・アルファベット・数字

索 引

索 引

Let's Try 国際手話 2

- ●発行日　2020年11月12日
- ●編　集　『Let's Try国際手話2』編集委員会
  中橋道紀（全日本ろうあ連盟理事）　嶋本恭規（全日本ろうあ連盟理事）
  中山慎一郎（社会福祉法人全国手話研修センター　日本手話研究所外国
  手話研究部 部長）　郡 美矢（国際手話通訳者）

- ●写真・動画モデル　全日本ろうあ連盟青年部中央委員
  吉田 航　　清水 愛香　　山田 尚人　　福田 夕香
- ●撮影協力　社会福祉法人富山県聴覚障害者協会
- ●印刷・製本　株式会社 太平洋

- ●定　価　1,800円＋税
  ISBN 978-4-904639-24-5 C0037 ¥1800E

- ●発　行　一般財団法人全日本ろうあ連盟
  〒162-0801　東京都新宿区山吹町130　SKビル8階
  TEL 03-3268-8847　FAX 03-3267-3445
  http://www.jfd.or.jp/

全日本ろうあ連盟
「出版物のご案内」
モバイルサイト